QUESTION

DE

DROIT INTERNATIONAL PRIVÉ

UNE FEMME FRANÇAISE SÉPARÉE DE CORPS PEUT SE FAIRE
NATURALISER EN PAYS ÉTRANGER,
NOTAMMENT EN ALLEMAGNE, SANS AUTORISATION MARITALE,
ET Y CONTRACTER UN SECOND MARIAGE.

PAR

M. F. DE HOLTZENDORFF,

Professeur de droit international et de droit criminel
à l'Université de Munich,
Membre correspondant de l'Institut de France.

Extrait du JOURNAL DU DROIT INTERNATIONAL PRIVÉ
Publié par M. Edouard CLUNET. avocat à la Cour d'appel de Paris.
(3e année 1876. — Numéros 1-2).

PARIS
MARCHAL, BILLARD et Cie
LIBRAIRES DE LA COUR DE CASSATION.
27, place Dauphine.

1876.

QUESTION

DE

DROIT INTERNATIONAL PRIVÉ

QUESTION

DE

DROIT INTERNATIONAL PRIVÉ

UNE FEMME FRANÇAISE SÉPARÉE DE CORPS PEUT SE FAIRE
NATURALISER EN PAYS ÉTRANGER,
NOTAMMENT EN ALLEMAGNE, SANS AUTORISATION MARITALE,
ET Y CONTRACTER UN SECOND MARIAGE.

PAR

M. F. DE HOLTZENDORFF,

Professeur de droit international et de droit criminel
à l'Université de Munich,
Membre correspondant de l'Institut de France.

Extrait du JOURNAL DU DROIT INTERNATIONAL PRIVÉ
Publié par M. Edouard CLUNET, avocat à la Cour d'appel de Paris.
(3e année 1876. — Numéros 1-2).

PARIS

MARCHAL, BILLARD et Cie
LIBRAIRES DE LA COUR DE CASSATION,
27, place Dauphine.

1876.

QUESTION

DE

DROIT INTERNATIONAL PRIVÉ

Les tribunaux et l'opinion publique à Paris sont depuis longtemps occupés d'un procès dont la portée est considérable et présente un vif intérêt au point de vue du droit international ; il s'agit du procès Bauffremont-Bibesco.

L'espèce est la suivante : Mme Henriette-Valentine de Riquet, comtesse de Caraman-Chimay, était mariée avec le prince de Bauffremont. Par jugement du tribunal civil de la Seine du 7 avril 1874, confirmé par arrêt de la Cour de Paris du 1er août 1874, les époux ont été déclarés séparés de corps. La princesse de Bauffremont s'est retirée en Allemagne et y a acquis, à la date du 3 mai 1875, la qualité de citoyenne de Saxe-Altenbourg. Le 24 octobre 1875, elle s'est mariée à Berlin avec le prince Georges Bibesco.

En présence de ces faits, les questions suivantes se présentent :

1° La princesse, en sa qualité de femme française séparée de corps, était-elle en état d'obtenir une naturalisation valable en Saxe-Altenbourg, ou, au contraire, avait-elle besoin pour cet acte de l'autorisation de son mari ? En conséquence, la naturalisation obtenue en Saxe-Altenbourg par la princesse doit-elle être tenue pour valable en France, et au regard de la loi française?

2° La princesse pouvait-elle, — dans l'hypothèse de la validité de la naturalisation, — en sa qualité de femme séparée de corps, contracter un second mariage ?

§ 1.

La première question a été traitée en détail tout récemment dans ce *Journal* (1), par le savant professeur à l'École de droit de Paris, M. Labbé. A cette occasion, la traduction des documents publics les plus importants dans l'affaire a été donnée ; ce sera à eux que nous nous reporterons dans le cours de cette étude.

Les conclusions du savant professeur, malgré les ingénieuses considérations dont il les appuie, ne sont pas conformes à ma manière de voir. C'est là mon excuse de présenter une nouvelle dissertation sur une question déjà traitée. En outre, l'étude de la question faite à différents points de vue ne peut être que profitable à son éclaircissement et à sa solution.

Pour établir les bases de la réponse à la question qui nous occupe, il est nécessaire de jeter un coup d'œil sur les règles de l'autorisation maritale et de la puissance maritale d'où elle procède.

D'après les art. 215 et 217, C. civ. fr., la femme a besoin pour contracter de l'autorisation de son mari ; cette autorisation peut être tacite, si le mari a concouru à l'acte, ou expresse, par écrit (Toullier, 1, n° 633 ; Zachariæ, *Handbuch*, § 472. — Demolombe, *Traité de la séparation de corps*, t. 2, n° 192). La nécessité de cette habilitation disparaît en grande partie après la séparation de corps

(1) V. *Journal*, 1875, p. 409.

prononcée par les tribunaux. Alors la femme recouvre la libre administration de sa fortune ; elle peut disposer de son mobilier, l'aliéner même ; elle a seulement besoin du consentement de son mari pour aliéner ses immeubles (art. 1449, C. civ.).

La femme reprend ainsi la liberté presque entière de disposer de ses biens ; c'est là la mesure de la capacité personnelle que la femme recouvre par la séparation de corps, mesure tout à fait exacte, qui me fait trouver dans cette conséquence de la séparation de corps la raison principale de l'inexactitude, selon moi, de l'opinion de M. le professeur Labbé.

Le jugement de séparation de corps affranchit la femme des devoirs que l'art. 214, C. civ., impose à la femme mariée, notamment de l'obligation de partager la demeure et la résidence de son époux. Sur ce point, il n'y a presque pas d'opinion divergente chez les anciens auteurs français. Bouhier dit : « La séparation de corps donne à la femme la liberté d'aller habiter où il lui plaît; elle a donc le droit de se choisir un nouveau domicile » (*Observ. s. la Coutume de Bourgogne*, ch. 22, n° 201). D'accord avec cette opinion, Pothier dit : « Elle a le droit de s'établir où elle voudra, et de prendre un autre domicile que celui de son mari. » (*Traité de mariage*, n° 522). Dalloz s'exprime de même : « La faculté accordée à la femme séparée de corps de se choisir un domicile est sans limite. » (*Rép. Alph.*, v° Séparation de corps, n° 188). Les auteurs modernes se prononcent dans le même sens). V. Demolombe, *De la séparation de corps*, t. II, n° 498 ; Laurent, *Principes*, t. II, n° 85. Le même principe est reconnu dans d'autres pays, notamment en Angleterre et en Amérique, suivant le témoignage de Wharton. (V. Wharton, *Treatise of the conflict of laws*, § 225.)

Si la femme use de son droit, elle n'est pas limitée dans son choix à sa patrie ou à celle de son mari ; elle peut, sans distinction de frontière, s'établir où elle le trouve bon ; elle peut fixer son domicile dans le pays ou en dehors du pays où son mari est domicilié. Les auteurs français sont encore unanimes dans ce sens. Demolombe dit : « Elle peut dès lors fixer sa résidence où bon lui semble, aussi loin qu'elle voudra de celle de son mari, *fût-ce même en pays étranger* » (Traité cité *suprà*, t. II, n⁰ 498). Dalloz pose la question : « Pourrait-elle s'expatrier ? » et, répondant affirmant, il ajoute que « sans nul doute » aucun obstacle n'existe pour la femme d'agir ainsi (Dalloz, *Rép. gén.*, v° Séparation de corps, n° 314.)

Cela suffirait pour prouver la justesse de notre précédente affirmation que la femme, comme conséquence de la séparation de corps, devient libre de disposer d'elle-même.

N'est-ce pas maintenant une conséquence logique et toute naturelle de cette liberté, de cette faculté de s'établir et de se choisir à son gré un domicile parmi les différents pays, que de permettre à la femme de se fixer d'une façon définitive dans le pays où elle a établi sa demeure et d'acquérir la nationalité de ce pays.

D'après les principes généraux, on ne peut plus prétendre aujourd'hui que, même pendant la durée du mariage, la diversité de nationalité entre les époux soit incompatible avec les conditions essentielles du mariage. — Cf. Code civ. italien, art. 11, § 4, et Pasquale Fiore, *Droit intern. privé*, n° 67.

Il est singulier que Dalloz ne soit pas arrivé à cette conséquence ; il exige davantage pour considérer comme valable une naturalisation en pays étranger, à savoir, le consentement du mari : « L'autorisation, au moins celle de justice, est nécessaire pour que la loi française reconnaisse les effets de la naturalisation dont la femme séparée de corps serait l'objet en pays étranger. » (*Rép. gén.*, v₀ Droits civils, n° 118). La raison principale de cette opinion, c'est que la loi française, même après la séparation, considère le mariage comme subsistant toujours, et la puissance maritale comme n'étant pas éteinte ; car, dit Demolombe (*Traité* précité, t. II, n° 531) : « Sinon l'esprit, du moins le vœu de la loi, est que les époux se réconcilient tôt ou tard. » On a vu aussi avec Pothier (Contrat de mariage, n° 523), « quelques restes de la puissance maritale » dans l'obligation pour la femme d'obtenir l'autorisation maritale pour l'aliénation de ses immeubles.

Mais le droit du mari ne va pas plus loin. Tout d'abord il ne lui appartient pas de faire cesser à lui seul et par sa seule volonté l'état de séparation ; il faut pour cela le concours et la volonté de la femme (Demolombe, t. II, n°ˢ 531-536). En outre, si la femme, comme nous l'avons vu, reste libre de choisir son domicile dans le lieu qui lui convient et de s'éloigner ainsi de son mari, la possibilité de l'exercice de la puissance maritale disparaît.

On continuera peut-être à soutenir que la nécessité de l'autorisation maritale pour l'aliénation des immeubles est encore une conséquence importante et effective de la puissance maritale ; je ne crains pas de déclarer que cette opinion est inexacte. Dans le cas où un mari refuserait son autorisation, la femme n'en est pas réduite à ne pouvoir aliéner ses immeubles ; elle peut prendre la voie qui lui est tracée par l'art. 218, C. civ., et à la place du consentement du mari, obtenir l'autorisation du tribunal. Pour l'obtention de cette autorisation, elle n'est pas obligée de s'adresser au tribunal dont son mari relève, c'est le tribunal du domicile de la femme qui est compétent. Dalloz le dit expressément (*Dict. gén.*, part. suppl., p. 965, v° Sépar. de corps, n° 188) : « Lorsqu'une femme séparée de corps a choisi un domicile distinct de celui de son mari, le tribunal compétent pour autoriser cette femme, n'est pas celui du domicile de son mari, mais bien celui du domicile de la femme» (Cf. *Jur. gén.* v° Domicile, n° 74. — Massol, *Sép. de corps*, p. 197.)

Mais si l'on voyait encore une reconnaissance de la puissance maritale dans cette prescription de la loi, qu'en cas de refus du mari, l'aliénation des immeubles doit être autorisée par le tribunal, comment en conclure que le consentement du mari soit nécessaire à la femme pour l'acquisition d'une nationalité? Y a-t-il quelque disposition sur ce point dans l'art. 1449, ou dans quelque autre article du Code civil?

Et alors même qu'on trouverait une réponse satisfaisante, je demanderais comment la femme pourrait ou devrait requérir l'autorisation de justice, si l'institution de la puissance et de l'autorité maritales était inconnue dans le droit en vigueur au lieu de son domicile, alors pourtant que nous avons vu plus haut que le tribunal de ce lieu serait compétent. Avec la possibilité de recourir à la justice, doit également disparaître l'obligation de le faire, si on ne veut pas se heurter à la maxime : *ultra posse nemo tenetur*.

Il n'est pas besoin d'aller aussi loin que Blondeau (*Revue du droit français et étranger*, 1844, p. 645 ; 1845, p. 133, 151), qui d'ailleurs repousse avec raison en principe la nécessité de l'autorisation maritale en matière de naturalisation de femme séparée, pour arriver, dans l'espèce qui nous occupe, à un résultat identique, à savoir que la naturalisation de la princesse Bauffremont est un acte valable selon la lettre et l'esprit de la loi française.

Il résulte des principes qui règlent l'autorisation maritale que son défaut ici est sans importance, mais cette conséquence juridique éclate encore davantage lorsque nous nous posons la question de savoir si la naturalisation relève de cette classe d'actes judiciaires pour la valeur desquels le concours du mari est nécessaire en droit français?

Nous croyons qu'il faut répondre négativement à cette question. L'institution de l'autorisation maritale, telle qu'elle est réglementée par les art. 215, 217, C. civ., n'a trait qu'au fait d'ester en justice dans les procès civils ou à celui de passer des actes juridiques, c'est-à-dire à des actes du domaine du droit privé. Mais, en matière de naturalisation, il ne s'agit pas d'actes juridiques privés ; c'est un acte juridique d'ordre public, et il n'a sur le droit privé qu'une influence indirecte , en tant même qu'il produit des conséquences juridiques. Si l'on veut prétendre que le consentement du mari est nécessaire pour la naturalisation, on devra rapporter la preuve que, suivant le Code civil, ce consentement est requis pour les actes dépendant du droit public.

Il est juste qu'une femme mariée, qui vit en communauté avec son mari, ne puisse pas se faire naturaliser en pays étranger sans le consentement de son mari. Ce n'est pas une suite de la puissance maritale, mais bien de ce principe de droit que la femme mariée ne peut avoir un autre domicile que celui de son mari (art. 108, C. civ.), et de cet autre principe que la femme est obligée d'habiter avec son mari et de le suivre là où il plaît à celui-ci de fixer son domicile (art. 214, C. civ.)

Avec la séparation de corps, cette double obligation cesse ; bien plus, la femme séparée doit se choisir une résidence particulière ; elle est déliée du devoir de l'habita-

tion commune, de telle sorte que les conséquences qui dé-
coulent des prescriptions légales imposées à la femme mariée, *integri status*, ne peuvent avoir d'effet sur la femme
séparée.

Sommes-nous fondés à retrancher, comme nous l'avons
fait ci-dessus, la naturalisation du domaine du droit privé?
Oui, car la question de nationalité est essentiellement de
droit public. La qualité de citoyen d'un Etat n'est-elle pas
en général, et particulièrement en France (1) et en Allemagne, conférée par les autorités administratives, aux-
quelles est remis le soin de décider en matière de droit
public ?

Si notre proposition est exacte, il s'ensuit invincible-
ment que l'autorisation maritale, limitée aux actes de droit
civil, n'est pas nécessaire pour la validité de la naturalisation, et que son intervention ne se justifie pas juridique-
ment.

Une des raisons principales sur lesquelles M. le professeur Labbé s'appuie pour critiquer la validité de la naturalisation de la princesse est tirée de la loi allemande
du 1er juin 1870. L'article 8 de cette loi énumère comme
condition essentielle que l'étranger candidat à la naturalisation soit capable de disposer (*dispositionsfähig*) d'après
la loi de sa propre patrie, ou, ce qui n'est pas le cas ici,
qu'il ait obtenu l'autorisation de son père, de son tuteur
ou curateur.

La circonstance que, parmi les personnes dont l'assen-
timent est exigé, le mari ne figure pas est, pour M. Labbé,
sans signification et ne peut soulever d'objection sérieuse.
Bien plus, l'honorable auteur estime qu'il convient par
analogie d'étendre cette nécessité d'autorisation à la femme

---

(1) V. Alauzet. *De la qualité de français*, nos 101 et s.

qui, par statut personnel, est incapable d'agir sans autorisation maritale.

Nous ne pouvons, pour notre part, admettre une telle extension de la loi. Tout d'abord il y a entre l'incapacité de la femme mariée et du mineur une différence absolue que Pothier signalait déjà en ces termes : « L'autorisation du mari, dont la femme a besoin, est très-différente de l'autorisation du tuteur dont a besoin le mineur qui est sous sa puissance. »

Mais l'erreur où M. Labbé s'est laissé entraîner, et qui porte un coup à toute son argumentation, est le mot décisif de la loi « *dispositionsfähig,* » qu'il traduit par « capable de disposer *de sa personne,* » et d'où il conclut qu'une femme ne peut être valablement naturalisée, parce que étant sous la puissance maritale. elle ne peut disposer d'elle-même. Mais l'expression « *dispositionsfähig,* » « capable de disposer, » doit s'entendre de la faculté de disposer, non de sa personne, mais de ses biens. Nous avons déjà établi clairement plus haut que la femme séparée de corps réunissait ces conditions.

Le droit romain reconnaissait la différence que nous signalons. Le *filiusfamilias in patria potestate* n'avait aucune capacité de disposer de ses biens ; cependant il pouvait entrer au service militaire : c'est là-dessus que repose la théorie des pécules. Aujourd'hui même il n'est pas douteux qu'un mineur ne puisse entrer dans l'armée en qualité de volontaire (*freiwilliger*) sans que son incapacité à l'égard de ses biens soit prise en considération. De récentes lois anglaises donnent à la femme qui vit en fait séparée de son mari la capacité de se placer en condition et d'acquérir un pécule, encore bien que d'ailleurs la loi anglaise lui dénie la faculté de disposer de ses biens.

En outre, la princesse, en rapportant un certificat du

maire de Menars, près Blois, avait satisfait aux autres exigences de la loi. La loi, en effet, exige de la personne qui sollicite sa naturalisation, en outre de la capacité, qu'elle soit de bonne vie et mœurs, et en état de subvenir à ses propres besoins et aux besoins des siens. Ces conditions ne se rattachent en rien à l'autorisation maritale ; elles n'ont trait qu'à la possibilité pour cette personne de remplir ses devoirs civiques, notamment de payer l'impôt et de vivre sans l'assistance étrangère.

Si l'on estime, avec M. Labbé, qu'une femme séparée de corps a besoin de l'autorisation maritale pour acquérir une nationalité valable, on ne peut cependant tirer une semblable conclusion des dispositions de la loi allemande ; il y aurait seulement (en admettant par hypothèse la justesse du point de vue en question) une différence entre les lois des deux Etats. Mais cette différence ne pourrait amener à faire considérer comme n'existant pas dans un Etat un acte accompli en conformité de la loi en vigueur dans un autre Etat. Ce serait aller à l'encontre des principes du droit des gens moderne. On pourrait seulement constater par ce conflit la nécessité de le faire cesser par voie de traités diplomatiques. Cette manière de voir a été adoptée par les Etats-Unis de l'Amérique du Nord, et les a conduits à conclure des traités particuliers avec un certain nombre d'Etats européens (Cf. Wharton, § 5).

Selon notre opinion, comme nous croyons l'avoir précédemment démontré, cette différence entre les lois française et anglaise n'existe pas. La femme française, pour acquérir une nationalité étrangère, n'a pas besoin de l'autorisation maritale, ni en vertu des principes de la puissance maritale, ni en vertu des règles de la naturalisation. Sur ce dernier point, le Code civil (art. 17) dit expressément : « La qualité de Français se perdra : 1° par la naturalisation acquise en pays étranger. » Le Code ne distingue pas si la personne était autorisée ou non à acquérir la nationalité étrangère, si elle a acquis cette nationalité par la force seule de la loi ou par un fait volontaire. Dans tous les cas, le simple fait d'avoir acquis une nationalité étrangère suffit pour que aussitôt l'effet se produise et que l'on cesse d'être Français. (V. Alauzet, n°s 41, 42 et 46.)

Il faut en conclure que la princesse de Bauffremont a cessé, le 3 mai 1875, d'être Française. Soutiendra-t-on encore, — à tort selon moi, — qu'une femme française mariée a besoin, même après la séparation de corps, de l'autorisation maritale, si elle veut se faire naturaliser dans un autre pays ? Alors, si en réalité ce fait s'est produit, on aura contre soi non-seulement le droit des gens et les règles des relations internationales entre les Etats modernes, mais encore les termes exprès du Code civil, qui proclame qu'un tel acte est valable et doit recevoir ses pleins effets, même en France.

Cette opinion est d'autant plus digne de crédit, que la doctrine française ne repousse pas l'idée que l'autorisation maritale n'est pas nécessaire pour la naturalisation de la femme. Blondeau, comme nous l'avons dit, est un ardent défenseur de cette opinion. Aussi, lors même que la doctrine dominante ne serait pas d'accord avec cet auteur, on ne pourrait accuser les autorités de Saxe-Altenbourg d'avoir méprisé ou violé la loi française.

II.

En ce qui concerne la seconde question, qui est de savoir si la femme française séparée de corps peut se remarier, il faut répondre négativement pour ce qui est de la

France et de la loi française : dans cet Etat, en effet, le mariage est toujours considéré comme existant, encore bien que les époux aient été autorisés à vivre séparément.

Il en est autrement si, comme dans l'espèce, la Française veut se remarier dans un pays dont la loi ne reconnaît pas la séparation de corps, mais seulement le divorce.

On sait que la question de savoir suivant quelle loi la capacité des futurs époux doit être appréciée pour la célébration d'un second mariage est controversée ; deux opinions sont en présence (V. Wharton, § 161 ; Bar *internat. Privat u. Strafrecht*, § 90). L'une veut que ce soit la loi du lieu où le second mariage est célébré, *lex loci contractus ;* l'autre prétend que la capacité des futurs époux doit être réglée par la loi de leur domicile, *lex domicilii,* et en cas de diversité de domicile pour chacun d'eux, par la loi particulière de chaque domicile. Dans le cas présent, l'adoption de l'une ou l'autre de ces deux théories conduirait à un résultat tout à fait différent.

Cependant cette question ne nous intéresse ici qu'incidemment ; nous avons surtout à nous préoccuper de résoudre la question de savoir si une Française séparée de corps a acquis la nationalité dans un pays dont la loi attache à la séparation de corps les mêmes effets qu'au divorce.

Dans cette hypothèse, il n'est pas douteux que le droit de sa nouvelle patrie doive faire la règle. Bar dit (§ 92) : « Partant de cette idée qu'il s'agissait ici d'une capacité personnelle, plusieurs Cours françaises ont estimé qu'il ne fallait pas s'attacher à la loi en vigueur au lieu où la séparation avait été prononcée, mais seulement à celle du domicile ultérieur de cette personne. » Les lois ne maintiennent des prohibitions que pour les personnes qui leur sont soumises, et non pour celles qui, faisant d'abord partie du pays que ces lois régissent, sont maintenant devenues sujettes d'un autre Etat. La capacité relative à un second mariage doit donc être appréciée d'après les lois en vigueur au domicile acquis après la séparation, et non d'après les lois en vigueur au lieu de la séparation. Selon Wharton (§ 154 et § 214) cette opinion domine en Angleterre et en Amérique.

On ne peut songer ici à un résultat différent ; en effet, que l'on s'attache à la *lex loci contractus* ou à la *lex domicilii*, on doit toujours arriver à la validité du second mariage.

Le doute pourrait seulement s'élever au cas où il serait prouvé que le changement de nationalité n'a été poursuivi que pour éluder les dispositions prohibitives des lois du pays d'origine. Mais encore — sans compter les difficultés d'une pareille preuve — la *fraus legis* ne pourrait avoir d'influence qu'autant que la personne en question se replacerait plus tard sous l'empire de cette loi, à la rigueur de laquelle elle a tenté d'échapper par l'émigration.

Tel est le cas invoqué par M. Labbé à l'appui de sa thèse. Il y a quelques années, un Français s'est fait naturaliser en Suisse pour s'y faire divorcer. Ensuite il s'est remarié avec une Française et est revenu en France. Dans ces circonstances, l'arrêt de la Cour de cassation du 16 décembre 1845, qui, considérant le premier mariage comme encore existant, a annulé le second, se justifie complètement.

L'affaire se serait présentée autrement si les deux époux s'étaient fait naturaliser en Suisse et ensuite divorcer. Dans ce cas, il faudrait décider avec Merlin (*Questions de droit*, v° Divorce, § 11, n° 1) que le divorce serait valable, même au point de vue français, et que rien ne s'opposerait à la célébration d'un second mariage. Wharton dit aussi (§ 214) : « Les Français qui se font naturaliser dans un pays étranger peuvent y divorcer légalement. Mais, pour arriver à ce résultat, il faut que les deux parties se fassent naturaliser ; si l'une d'elles reste en France, le divorce est illégal. »

Si comme dans notre espèce la nationalité nouvellement acquise est ultérieurement conservée, il ne peut être question de fraude, *fraus legis*. Ce serait s'opposer à la liberté humaine généralement reconnue que de défendre à quelqu'un d'échapper à l'empire d'une loi, qu'il juge insupportable, en s'expatriant du pays où cette loi est en vigueur. Du moment où une personne a acquis la nationalité d'un autre pays, c'est exclusivement d'après les lois de sa nouvelle patrie qu'elle doit être jugée. Les lois et les tribunaux de sa patrie d'origine, au moins en ce qui concerne sa capacité pour les faits juridiques, n'ont aucun droit sur elle, si elle se trouve de passage dans son pays primitif, sans en acquérir de nouveau la nationalité.

En ce qui concerne la princesse de Bauffremont comme elle a obtenu la nationalité de Saxe-Altenbourg et, depuis, n'est pas redevenue Française, mais a partagé la nationalité du prince Bibesco, les tribunaux français doivent apprécier la validité du second mariage d'après la loi de sa nouvelle patrie, et non d'après le droit français. Ainsi la question de la validité dépend du point de savoir si, d'après le droit de la nouvelle patrie, ledit mariage était valable, encore bien qu'en France la princesse n'ait été que séparée de corps.

Un correspondant de la *Gazette des tribunaux* (V. n° du 16 déc. 1875) cite en faveur de la princesse la disposition de la loi prussienne (*preussichés Landrecht*) suivant laquelle une séparation de corps entre époux catholiques doit être assimilée au divorce. L'opinion du correspondant, quoique en général bien fondée, contient cependant des inexactitudes. Je suis de l'avis de M. Labbé, lorsque cet estimable auteur déclare cette disposition de la loi inapplicable ; mais je me décide par des raisons différentes.

M. Labbé pense que cette disposition du *Landrecht* prussien n'est pas applicable, parce que la séparation a été prononcée en France et que le législateur prussien n'a pu vouloir transformer en divorces toutes les séparations de corps prononcées en quelque partie du monde que ce fût. M. Labbé va trop loin : la loi prussienne n'a pas eu cette prétention ; mais, si un individu est devenu sujet prussien, la question de savoir s'il peut se remarier, ou, si la circonstance qu'il est séparé de corps l'en empêche, doit se résoudre par la loi prussienne; c'est là une question de capacité, qui, ainsi qu'il est généralement reconnu, doit être décidée d'après les lois de la patrie actuelle de la personne en question.

L'avis du correspondant de la *Gazette des tribunaux* n'est pas admissible encore pour d'autres raisons. D'abord, parce que depuis le 1er mai 1875, les prescriptions du § 77 de la loi allemande sur le mariage du 6 février 1875 étant en vigueur, la transformation de la séparation de corps en dissolution du lien conjugal doit être requise par une procédure spéciale, et ce n'est pas *ipso jure*, mais par une conséquence du jugement prononçant la séparation de corps que le divorce est obtenu. C'est pourquoi, si la princesse avait acquis la nationalité prussienne, son mariage célébré le 24 octobre 1875 n'eût été valable que s'il eût été précédé de la procédure en question. Comme au contraire — et c'est la principale raison pour l'innapplicabilité de la loi prussienne — la princesse n'a pas été naturalisée en Prusse, mais en Saxe-Altenbourg, dans ce pays, et au moins jusqu'au commencement de l'année 1876, suivant le témoignage du célèbre écrivain de droit ecclésiastique , Schulte (*Handbuch des Katholisches Eherechts*, partie II, § 151, p. 596), la séparation de corps entre catholiques équivalait au divorce. C'est seulement le 1ᵉʳ janvier 1876 qu'est entrée en jouissance pour toute l'Allemagne, sauf pour la Prusse, qui jouissait déjà de cette législation, la loi du 6 février 1875 ; désormais le § 77, déjà mentionné, de cette loi, d'après lequel une procédure particulière et un jugement sont nécessaires pour le changement de la séparation en divorce, forme le droit commun de l'Allemagne.

Tel était l'état de la législation qui a régi le mariage de la princesse de Bauffremont et du prince Bibesco. La princesse a, suivant le désir de la loi, rapporté un certificat du Conseil municipal d'Altenbourg dans lequel il était déclaré que, d'après la loi altenbourgeoise, rien ne s'opposait au second mariage. Dès lors l'officier de l'état civil de Berlin n'a pas eu à s'occuper et ne s'est pas occupé du droit prussien, mais bien du droit de Saxe-Altembourg. Or, d'après ce dernier droit, le mariage de la princesse de Bauffremont et du prince de Bibesco est valable et demeure inattaquable.

Paris. — Typ. A. PARENT, rue Monsieur-le-Prince, 29-31.

Le *Journal du Droit International privé et de la Jurisprudence comparée* paraît tous les deux mois par livraisons de cinq à six feuilles in-8°, et forme à la fin de l'année un fort volume avec tables analytique, chronologique et des noms des parties.

Tout ce qui concerne l'*Administration* et les *Abonnements* doit être adressé à MM. Marchal, Billard et Cie, libraires de la Cour de Cassation, 27, place Dauphine, à Paris.

PRIX DE L'ABONNEMENT POUR UN AN :

France et Colonies : 12 fr. 50 c.

Allemagne : 12 Mark.

Angleterre : 12s. 6d.

Pays (faisant partie de l'Union postale) 15 fr.

Pays (ne faisant pas partie de l'Union postale) : 15 fr. et le port en sus.

Les années 1874 et 1875 (1re et 2e année), avec tables, sont en vente.

Prix de chaque année : France, 12 fr. 50. — Étranger, 15 fr.

L'année 1874 ne se vend pas séparément.

On s'abonne directement chez MM. Marchal, Billard et Cie, à Paris, et chez les libraires suivants :

Allemagne.
Autriche-Hongrie.
Suisse (Langue allemande). } Puttkammer et Mühlbrecht à *Berlin.*

Angleterre ; *Londres* : Barthes et Lowel.

Belgique ; *Bruxelles* : Decq et Duhent.

Danemark : *Copenhague* : Höst.

Espagne ; *Madrid* : Bailly Baillière.

Hollande ; *La Haye* : Belinfante frères.

Italie ; *Rome, Florence et Turin* : Bocca frères.

Portugal *Lisbonne* : Silva junior.

Russie ; *St-Pétersbourg* : Librairie de la Cour.

Suède et Norvège ; *Stockholm* : Bonnier.

Suisse (langue française) ; *Genève* : Cherbuliez.

Turquie ; *Constantinople* : Depasta frères.

Valachie ; *Bucharest* : Ulrich.

Égypte : *Alexandrie* : Robertson et Ce.

États-Unis : *New-York* : Christern — *Philadelphie* : Penington et fils. — *Boston* : Little, Brown et Cie. —*San Francisco* : Payot.— *Nouvelle Orléans* : Chol (A.)

Canada ; *Montréal* : Dawson frères.

Mexique ; *Mejico* : Bouret et fils.

Cuba ; *La Havane* : Barandiaran.

Venezuela ; *Caracas* : Rojas frères.

Brésil ; *Rio Janeiro* : Laemmert.

République Argentine ; *Buenos-Ayres* : Cazavalle

Uruguay ; *Montevideo* : Ybara.

Chili : *Valparaiso et Santiago* : A. Raymond.

Pérou : *Lima* : Gil.

Indes ; *Calcutta et Bombay* : Tacker, Winning et Cie.

Ile de la Réunion : *St-Denis* : Librairie nouvelle.

Maurice : *Port-Louis* : Dardenne.

Australie ; *Melbourne* : G. Robertson.

Et chez les principaux Libraires de France et de l'Étranger.